아흔아홉의 하나

아흔아홉의 하나

김수화 시집

포지션

* 한 연이 다음 쪽의 첫 행에서 시작될 때는 '〉'표시를 함.

시인의 말

문득, 나는
이 세상이 다 이해되고 용서될까 두렵다.

아무것도 사랑하지 못해서
아무것도 버리지 못할까.
아무것에도 버림받지 못할까 두렵다.

2017. 가을
김수화

차례

제1부

간월암　12
슴베　14
아버지가 족문을 옮기는 방식　16
난蘭이 마르는 동안　18
등지면 희미하게 뚜렷한　19
해거름　20
응시　22
반구대 암각화　24
모정　26
끈질기다, 사랑　28
둥지론　30
생몰生沒　31
숙려熟慮　32

제2부

서산	36
옆으로	38
연蓮꽃을 연連꽃으로 고쳐 부르며	40
천수千手	42
채송화 그늘	43
늙다	44
빈 술잔을 채울 때	46
모계	47
행성	48
가령	50
돋는다, 고양이	51
사족沙族	52
반경	54

제3부

가만히 있다 58

기념일 60

여우비 61

나의 완창 62

전대의 구조 64

어머니 불안은 내 귀로부터 시작되었다 66

돈 벌러 가 있는 동안 68

실금 70

여 71

몰두沒頭 72

할머니 칼국수 74

괴목槐木 76

암소 가죽 가방 78

제4부

심부름	80
처소	82
모계는 구석을 배달한다	83
가본假本	84
모스부호	85
카운터펀치	86
국밥	88
풍문객잔	89
유정란	90
풍경風磬	89
숙려熟慮	91
조등	92
해설 오랜 기억의 적층을 투과해온 섬광의 순간들 | 유성호	94

제1부

간월암

반달을 기르는 조개가
촉수를 뻗으면
간월과 뭍이 인연처럼 묶인다

물이 여는 길은
걸음으로 걷는 게 아니다
내 마음 네게 닿을 때처럼
그저 바라보는 길이다

네게 이르고자 함이 몇 걸음인지
그저 환절기를 헤아리는 길이다

너를 가리키던 손끝
눈꺼풀 밖으로 무심히 얹어
생각하는 외길이다

반달이 며칠쯤 삭아

닻줄 묶을 하현이 될 때까지
머무는 길이다

슴베

아버지 돌아가신 집 마당 먹감나무 쓰러졌다
한집안에서 가장이 빠지고 난 뒤
낫자루며 농기구 자루들이 빠지기 시작했다

떫은맛과 단맛을 알게 했던 먹감나무 뿌리는
오래 흔들린 듯 갈래가 어지럽다
가지와 뿌리 어느 쪽이 슴베였는지는 모르지만
뾰족한 끝을 보면
박힐 때보다 빠질 때 수월하라는 말씀 같다

양쪽이 이별이라는 풍문으로 맞물려 있는 동안
아버지와 어머니의 속말은 자루와 날처럼 따로 놀았다

한쪽이 행방불명되었다고 두절이 아닌 것처럼
자루 안을 들여다보면 망치 소리가 흩어져 있고
나무뿌리를 보면 별들의 탄식이 남아 있다

나무토막과 긁어모은 잎사귀를 태운다
젖은 연기가 하늘에 박힌다
뒤처진 연기는 끝이 뾰족해서 눈이 따갑다

나무들이 슴베를 박기 때문일까
우지끈! 나무가 쓰러질 때 내는 소리는
하늘 한 귀퉁이가 쑥 빠지는 소리였다

아버지가 족문을 옮기는 방식

아버지 발바닥에는 거북이 산다
길흉을 점친 죄로 앞날은 모두 균열되었다

아버지가 점괘를 얼굴로 옮겨오는 동안
골목은 바깥으로만 감겼다

지게걸음을 멈춘 자리가 많아 구불대는 골목엔
미로처럼 하나의 입구와 출구가 있을 뿐

공터에서 두꺼비집을 지으며 미래를 재촉하던 아이들
웃음을 밟아 끌며 집으로 돌아간다

어떤 방향을 합해도 같은 답이 나오는
마방진처럼 모인 누상가옥들과
남남이 되기 위해
담벼락으로 균열을 만든 사람들
더 좁은 길을 만들며 상류로 회귀하고 있다

〉
감정을 자급자족할 수 있는 꼭대기에 도착하면
어릴 적 발자국을 꺼내 얼굴과 맞춰볼 수 있을까

달동네는 오늘도 누군가 펼쳐보는 오늘의 운세이다

난(蘭)이 마르는 동안

여자가 무릎을 껴안고
고개를 숙였다

무릎에 고여 있는
슬픔에게 젖을 물렸다

동그랗게 등을 구부리는 건
슬픔을 버리겠다는 게 아니다
오래도록
슬픔을 기르겠다는 것

훗날 등을 펼 때가 오면
슬픔이 어느 쪽을 기댔는지

향을 맡다 보면 안다
뿌리가 슬픔의 길이라는 거

등지면 희미하게 뚜렷한

잠 깨어보면
빛을 등지고 누워 있다
마주할 수 없는 사람이 다녀간 것 같아
그가 부려놓은 체온을 등짐으로 지고
기억을 멀리 내보내려
밤마다 활처럼 구부리고 있었는지도
몇 대를 걸쳐 잠들었던
팽팽한 느낌
한 사람을 궁리한 기억만 어렴풋한데
자세만 남고 흔적이 없다
가장 희미한 빛 하나가
등에서 풀려나와 서서히 몸을 바꾼다
나는 내가 따라가고 있는
그 빛을, 유령이라 부른다

해거름

새들이 나무에 울음을 묶는 한밤
뿌리가 잎맥을 고르는 주문이 떠돌고 있다
새로 뻗은 가지는 허공을 놓치고

새들은 나무의 흔들림을 기억한다
흔들림을 잃은
나뭇가지들을 모아 만든 둥지 속
뿌리 같은 발가락이 알을 굴린다

알껍데기에서
한 그루 보호색이 돋을 때
잠언을 탁본하는 저녁

저 감춘 소리를 다 헤아리면
옹이에 엉킨 촌분이 풀려날까

발가락에서 제일 먼 부리가 알을 두드리면

알은 가장 먼저 작은 부리를 낳는다

어미의 울음과 새끼의 날개가
나무에 첫 화음을 새겨넣는다

응시

선잠 깬 고양이 눈에
반달 같은 학교 종이 걸려 있다

낮은 오답이라는 듯
작대기 하나 그어 있는 고양이의 눈

반반으로 나뉘는 야행성 눈동자는
비린내를 그리기 좋은 칠판

조리개를 오므리고 조이며
밤을 펼치고 있다

비린내의 외형이 뚜렷해진다
정물화를 가둔 눈동자가
반짝인다

눈동자도 콧구멍도 목구멍도

모두 동그랗다

정물화가 화들짝
탈출을 노리지만
고양이 눈은 깜박이지 않는다

반구대 암각화

정령이
무수한 구멍과 여러 겹의 동심원을 그릴 때는
절벽이 우리였던 시절
절벽은 사기史記가 되기도 했다

갑골 같은 절벽을 펼쳐놓았을 때
고래들이 바다에 추락한 별자리를 물고 사라졌다

낮은 강물에 유숙하던 별들은
멸종을 피해 절벽으로 피신했고
야성을 찾은 별들은 다시 문명을 기웃거렸다

북극성을 보며 이동하던 부족들이
별자리를 주문에 구겨 넣고 떠날 때마다
절벽은 점점 풍화되었다

이것은

구멍 깊이로 움집을 파던 어떤 문명이
지금도 찾아 부르는 노래

아직도 문명이 베끼지 못한 점괘
절벽 앞에 서면 멈추는 노래가 있다

모정

조각배를 타고 장사 다니는 여자애를 만났다
떠다니는 섬을 팔고 있었다

몸짓으로 말하는 눈동자는
젖니가 깨물어 만든 유두 같았다

수평선은 덜 익은 일출처럼
조각배를 감추고 드러내기를 반복했다
내게 남은 태고의 흔적을 색칠하듯

나는 전생에 당도한 사람처럼
모정 한 바구니를 사들었다
퉁퉁 부은 젖과 같은

여자애는 제 눈동자에서 나를 꺼내놓고 사라졌다
수천 년 전으로 떠나는 그는
돌아보지 않는 색깔이었다

〉
바다를 보면서
새벽에 고개를 숙이거나
허공에 눈동자를 올려놓는 버릇이 생겨났다

가끔, 전생이 떠오를 때면 수장해놓고 온 눈동자가 생각났다

끈질기다, 사랑

가인리 앞바다에는
공룡들이 남긴 문자가 있다

달랑게 한 마리
멸종으로 걸어간 문자를
온몸으로 읽어낸다

서로 긴 목을 꺾어 비비다가
서너 걸음 옆으로 넘어졌을
육중한 사랑

어떤 것은 온몸 자국이 문자여서
낡은 석양은 돋보기가 되는가

달랑게 한 쌍이 돌아가고 있다

나는 어느 행렬에도 끼지 못해

그림자를 세워두고 온다

공룡 모가지처럼 꺾인 그림자가
내 몸을 휘감고 따라온다

둥지론

은행나무 꼭대기에 스케치 한 점 걸려 있다
삭정이로 그린 둥지의 밑그림은 네모
귀퉁이마다 화살 끝을 겨누고 있다
날카로움 속의 부드러운 원을 생각한다
바깥으로 둘러앉은 꽃잎이 중심을 만들듯
밥상이 간종지 같은 알을 품듯
둥지는 제 바라보는 눈에 간을 맞춘다
쪽방은 태아처럼 굽은 자세만 받아들이는지
뒤꿈치 갈라진 사내의 맨발이 문턱 바깥에 매달려 있다
사람의 둥지는 몇 번의 부러짐으로 감싼 내부인가
꽃을 들여다보듯 사내의 품을 들여다본다
수술 같은 남근이 시들어 있다
저 불알은 둥지 바깥을 몰라 미수정란이다

생몰生沒

꼬리를 잃고 얻은 병은 그리움이다

서쪽으로 엎드린 들판에서
밀 이삭이 꼬리를 흔든다
봄날이 미개해져서 한나절쯤 늦어진다

꼬리만 찾으면 다 해결될 일엔
정작 꼬리가 없다

달이 지평선을 서성인 첫날은
생生은 있으나 몰沒을 알 수 없는 병
어제를 잃고 하루를 얻었으니
몸이 꼬리를 따르는 병을 앓아야 하나

잔설이 사족을 자르고 몸을 지우고 있다
마지막이 흥건한 몰에서
푸름이라는 첫 생의 꼬리가 피어오르고 있다

숙려 熟慮

원피스를 사러 간다
혼자서는 입을 수도 벗을 수도 없는
단추가 아흔아홉 개나 달린

수면을 빗소리로 뚫으면 퍼지는 물결은
첫 단추인가, 마지막 단추인가

아흔아홉의 하나가 모여 만들어진 수면
세상에는 합산이 되지 않는 사이가 있다

내리는 빗줄기를 세다 단추 하나를 풀고
또 하나를 푼다
몸과 옷은 하나가 아니어도 좋다

몸이 없어서 걸려 있을 원피스
풍경이 없어서 그냥 수면을 걸어가는 밤에 대해 묻는다면

〉
나는 이미 네가 알고 있는 대답을 하기 위하여
한 시절 얼굴을 비워둘 것이다

제2부

서산

물소리를 깔고 자는 곳을 거처라 하던가요

포구에 집을 짓고
등대가 기착하는 창문을 달았죠

사람들은 안개의 하수인처럼 휩쓸렸지만
낡은 등대는 늘 창문으로 돌아왔죠

뱃고동 소리를 채집하기 좋은 곳은
다족류가 기생하기 안성맞춤이죠
타인들 목소리가 내 미간에 닻을 내리는 것처럼,

미간을 당기면
포획된 표정 하나 보이죠

해안선을 빼닮은 눈물 자국은
어떤 표정을 실어 나른 떨림일까요

〉
집어등보다 밝은 유리창 하나 켜면
소곤대는 집들이 하나둘 정박하는,
집들은 별자리 같은 섬들을 잇고
우리는 하루 치 말을 선적하고 있네요

새벽이면 집들이 반짝이는 곳을
사랑이 기착하는 부두임을 믿나요

옆으로

길이 끊기고서야 고립이란 걸 안다
발걸음이 멈춘 바로 앞은 광야도 벽이다

영원한 것은 정면으로 새겨넣었다는
이집트 벽화에서 옆모습도 정면이어서
세상의 모든 울음은 정면으로 갇혀 있다

마주 서서 한없이 고개 숙이면
정면이 사라지고 옆모습이 살아난다
정표가 옆을 맞추는 공식처럼

눈이 내린다
세상의 모든 것을 정면 되게 하려고
눈이 녹는다
눈 위에 옆모습을 찍어 미래를 점치는 연인들이 사라진다

동굴 속 벽화의 붉은색이 이동하고 있다
미래를 섞으며 주황으로 고립하고 있다

연蓮꽃을 연連꽃으로 고쳐 부르며

꽃잎 한 획 탈각된 연꽃을 해독할 수 있을까

파자破字에 흔들리고 있는 획수를 주워
이별의 길이를 맞춰본다

심장의 강약이 다른 날은
주먹을 쥔 팔이 기울어져 있다는 것

어제의 흔들림이 남아 있는 꽃잎으로 내일 할 말을 점친다
개화하지 않은 주먹에는 누락된 발설이 있다

꽃잎 사이에서 추락한 모음을 발음하면
구겨져 있던 내일의 길이가 생겨날까

아침이 연꽃잎 하나를 떨어뜨려 방향을 찾는다
저녁은 연꽃잎을 모아 기운 조각보

〉
형형색색을 한 방향으로 기우는 것은
그림자를 제 부수로 삼았기 때문이라면
주먹은 어떤 부수를 놓치고서야 손이 되는가

사랑을 여러 번 이별하는 나날들

연꽃에 초두머리처럼 내려앉았던 나비 한 마리
서쪽으로 날아간다

천수 千手

손에는 이별한 문장이 있다

주먹을 쥐면 표정이 돌아왔다
손가락 사이로 빠져나가는, 나를 지운 행간들

천수관음은 다짐을 사랑하여 나는 이별을 한다

꽉 쥔 주먹을 펴면
손이 생각하던 문장이 보인다

손에 장을 지진다는 말은 얼마나 곡진한 서약인가
거북의 등을 태우면 갑골문이 태어나듯

손을 펴고 잠들면
장편掌篇 소설의 주인공이 사라진다는데

천수관음은 천 번의 주먹을 태우며
문장 하나를 고르고 있다

채송화 그늘

틈에 핀 채송화는
여름의 새끼발가락
중심을 밟지 않고도 꽃이 핀다

변두리는
몸 안에 틈을 키우기 좋은 절벽

늦여름을 굴리던 빨강이
바닥에서 바닥으로 굴러떨어진다

꽃 진 자리는
얼마나 외진 곳인가
고아가 숨어 울기 좋은 붉은 어둠인가

늙다

오래된 노트에서는 필체가 늙고 있다
글씨가 번졌던 페이지에서는
비를 만났던 기억이 있다

빗줄기는 어찌 이 오지까지 찾아와 누웠는가
글자들이 받침을 주고받는 동안
입술을 가진 이야기들이 멀리까지 다녀온다

빗줄기를 다락방에 넣어 두고 우기를 떠돌던 적이 있다 여러 계절이 국경을 넘나드는 동안 습자지 같은 꿈이 희미하게 껌벅이고

빗줄기가 젖지 않는 저녁을 몰고 간다
몇 그루 나무들이 오래된 청색으로 흔들리다
다시 빗속으로 들어선다

물먹은 노트에는

느슨한 발걸음을 가진 빗줄기가 살고 있다

흔적을 옮겨 적으면
젖지 않은 저녁이 달 하나를 놓아줄 것 같다
이 밝기라면
늙어가는 필체도 읽을 수 있을 것 같다

빈 술잔을 채울 때

무심천 벚꽃 길 따라 친정에 간다

부재란 익숙한 흔적이라고 바람이 불어가고
한 사람이 앉았던 그늘 쪽으로
나는 흔들린다

벚나무 밑을 애써 외면해야 하는가
부재가 모여 적조를 모으는 친정처럼

그가 남긴 얼룩 속에 모여 앉은 우리는
어떤 표정을 지어야 무심할 수 있을까

천변 물소리가 꼭 첨잔 같다

모계

동부시장 골목을 따라가면
조개 까는 노파가 주름살을 비틀고 있다
주름과 골목이 맞닿은 곳이 상처인지
한 오백 년 가락이 반창고처럼 감긴다
따개비처럼 붙어 있는 점포들
늙은 체온만큼 알전구를 밝히고
노파의 가랑이처럼 어두운 골목에서 양지가 부풀고
햇살을 옮기는 노파의 엉덩이를 바라보노라니
그림자가 뜨겁다
저 가랑이 뒤쪽으로 거슬러 가면
모닥불에 조개를 굽는
한 씨족장을 만날 것 같다
나는 오래된 저 모계의 온기를 본 적 있다
저녁 밥상 뚝배기에 숟가락을 담그면
낯익은 씨족장의 미소가
체온만큼 밝은 눈빛을 옮겨다 놓았다

행성

잠으로도 한 생을 살아갈 수 있다

잠깐 깨어나
거실과 현관을 맴돈다
센서 등이 켜지고
어지럽다
궤도를 벗어나면
중심이 살아나는

빛이 없음과
하나뿐인 궤도가
어느 날부터 내 몫이 되었다

생체리듬처럼
너무 빨리 익숙해져 버리는
더 이상 진화가 없는
사랑

〉
오늘은
잃어버린 행성에서 얼마나 벗어난 너인가

유성의 꼬리를 끊어다가
너와 나의 거리를 재봐야겠다

가령

주춤거리는 풍경에는
어디든 갈 수 있다는 말이 동승해 있다
극과 극이 붙어 있다
이를테면 여분의 숨 같은

왕래가 없던 말들이 모이면
가령이라는 말이 빈번해진다

가령의 여분이었던 목숨은
결국이라는 말로 옮겨 갔지만

우리는 다음 말을 잇기 위해
가령을 차용한다

나는 더듬대는 말에 편승하는 버릇이 있다
네게 한 고백처럼

돋는다, 고양이

느티나무에 앉아 있길 좋아하던 고양이
봄밤이면 느티나무 우듬지를
자꾸 올려다보며
어두컴컴한 근황을 묻게 된다
혓바닥 같은 자잘한 이파리들
어둠 쪽으로 빛을 퉁겨내고
고양이 말은 어디서 돋아나는 것일까
파릇 속엔 슬픔이 담긴 것도 아닌데
자꾸 울음을 듣는다
낙엽처럼 버려진 횟수를 세는 봄밤
새잎들이 야행성으로 돌아다닌다

사족 沙族

떠가는 발자국이 있고
걸어가는 발자국이 있다
그림자 모양으로 말하는 종족의
저물지 않는 하루
나는 거기
혀처럼 박혀 있다
두 손으로 두 발을 쓰던 종족은
한 사람의 그림자가 사라지면
모래 언덕으로 달려가
밀어를 묻고 돌아왔다
몇 살을 공유하면 종족이 될까
죽은 그림자의 모양이 살아와서 쌓이듯
풍문을 짓고 허무는 모래 언덕
저쪽 세상의 말이 이쪽 세상으로 건너와
영영 없는 말이 되기 위해
그림자를 덮어 지우고 있다

누구인가
먼 미래의 이별을 여기에 묻은 이

반경

 눈동자가 일그러진 고양이를 시골집에 버리고 왔다 온기 남은 부엌 아궁이를 새 주인인 줄 알다가, 흔적으로 서성이다가, 종적을 감추었다는 전화를 받았다 나는 그럴 리 없다며 아궁이 속에 뜨거운 말을 질러 넣어도 보고 굴뚝 밖으로 사라지는 입김의 행방을 따라가 보기도 하다가 문득, 반경이라는 말을 떠올렸다 고양이의 반경 안에 고양이를 버린 게 아니라 내 반경 안에 고양이를 버렸다는 생각을 했지만, 나는 여전히, 어느 날 문득이란 가정을 열어놓고 마중을 준비하고 있었다

 어둠에 섞인 빛을 모으는 눈동자처럼 동그란 밥그릇 한 개 뒹굴고 있었다 밥그릇 밖으로 쏟아진 발자국이 보였다 모든 발자국이 밥그릇을 더듬고 있는데, 마지막 발자국 하나가 내게 걸어오고 있었다 준비해둔 손동작으로 발자국을 맞이했지만. 발자국은 내 몸을 밟고 태연히 사라졌다 마찰 자국만 남기고 불붙지 않은, 성냥 같았다 내게서 온기가 사라져버렸다니, 나는 싸늘한 내 몸

을 샅샅이 더듬어보았다 종적을 남긴다는 사랑을 찾을 수 없었다

 나는 나를 향해 소리쳤지만, 누구도 내 목소리를 듣지 못했다 혼잣말이 적막 속으로 사라졌을 때, 아주 작은 메아리가 들려왔다 메아리의 진원지를 향해 걸었다 너만 볼 수 있는 영역이었다

제3부

가만히 있다

쓰던 말과 말투가 기억나지 않는다

가만히 있는 게 뭐가 문제라고, 가만히 있는 것을 상담 받고 가만히 있는 것을 위로받는다

가만히 있었더니 뛰어오르는 자세가 사라지고 연락이 두절 되고 먹는 일이 잊혀졌다 가만히 있는 것에 굄돌을 놓으니 내일이 높아진다

어느 날이란 어느 날의 이치에 맞는 말들이 떠오르지 않아 생긴 말이지만, 가만히 있을 뿐인데 묵은 말들이 무슨 소용이겠는가

질주가 없는데 이젠 제발 그만하라고 한다

가만히 있어 보니 이것만한 천직도 없겠다는 생각이 든다 아니, 그러니 제발 나가 죽기라도 하라고 한다 세상

에 이런 극단적인 부탁을 받을 수 있는 일이 또 있겠는가

    가만히 있는 날들이 많아졌다
    봄볕이 베란다 구석 양파를 두드린다

    나가지 않기 위해 방문이 되어야겠다

기념일

단칸방엔 온순한 가지가 있었다
우리는 곧잘 가지에 열려
자정을 넘긴 가장의 주정을 들었다
꾸벅꾸벅 졸음이 익어서야
달력 속에서 떨어지곤 했다

우리는 마른 나뭇가지의 간격을 사랑했다
오래 앉아 있던
자의와 타의의 지루한 간격
정거장과 정류장의 간격처럼
고향과 타향의 간격처럼
곁을 두지 않아 빨리 떨어지는 출가를 사랑했다

나뭇가지 같은 링거줄이
달력의 숫자를 똑똑 떨어뜨린다
이리저리 옮겨 열리던 기일忌日이 자리를 잡는다

여우비

할머니를 떠나보낸 기억은 멀리 있고
아버지를 떠나보낸 기억은 가까이 있어서
기억에 담은 국수 한 끼는
아직 불지도 않았다

국수 삶아 먹던 날들이
저녁 나팔꽃처럼 어둑하다
기억은 편도 레일처럼 군데군데 끊어지고,

늘어지려고 흔들리는 넝쿨에 기도한다

한 삶을 연작으로 삶아낼 궁리를 한다

나의 완창

금성카세트에 제목이 없는 테이프를 넣는다
주인공의 연혁을 알아내는 일은
전파사 수리공인 내게 간단한 수선과 같은 것

녹슨 기계음도 歌客歌客
반 박자 늦은 노랫소리도 가객가객
아버지의 노래 한 자락 흘러나온다
지금까지도 막걸리가 발효 중인지
한사코 끓는 음정과 박자를 수선 중인데

일 절이 채 끝나기 전에 길을 잃는다
客자를 나그네로 읽는 날엔 봇짐을 쌌다가
客자를 손님으로 읽는 날엔 이삿짐을 풀고
가객가객 가객가객
나그네 客과 손님 客은 오락가락 떠돌고

저 잠꼬대 풀린 어디쯤에서 내 청춘 또한 헐거워서

나는 내가 그립지 않은데

나를 분해조립 하고 싶은 날엔
왜 아버지의 늘어진 노랫소리가 필요한지
느린 반 박자를 물려받은 나는
뒤집어 눕지도 못하는 지하방에 끼워져 있고

나날이 없는 지하 어디쯤에 끼워진 아버지는
내 꿈을 수리할 하루를 찾고 있는 것일까

가객가객 가객가객
후렴은 망자가 다녀가는 시간이란 걸 나만 모르고

언젠가 나는, 나를 뒤집어 듣는 날 있을까
내 침묵에 무엇이 녹음되고 있는 것인지
종일 아버지 애창곡을 흥얼거리고

전대의 구조

수십 년 차고 있던 전대마냥
엄마는 아랫배에 울음주머니를 차고 있다
노점단속반 기미 같은 것은 금방 알아채는

부스럭거리는 비닐봉투
셈에 관해서는 그의 울음을 당할 수 없다
각양각색의 울음이야말로
풍파를 대변하는 격언 아니던가

그중 기억에 남는 한 말씀이
나를 먹여 살리고 있다

'남는 것 없다'는 말씀엔
덤을 슬쩍 얹어주는 손놀림이 있다

엄마는 전대를 둘러매듯
나를 안은 두 팔을 묶으며 달콤하게 말하지

〉
전대미문이지만 이미 통용되는,
이 뜨끈한 탯줄은 나의 몇 번째 생인가

어머니 불안은 내 귀로부터 시작되었다

내 귀는 아버지 귀를 닮았다
왼쪽을 베고 초저녁에 잠들어
만사 흥얼거리는 버릇이나
새벽을 채집하는 일은 아버지의 것이다

땅에 묻힌 아버지 귀가
내 꿈에서 돋아난다
풍문에 엷은 귀를 가진 불안한 가계
어머니는 여전히 아버지를 향해
불안한 고막을 조음한다

가훈을 밟고 다니는 귀가
식구들을 단속한다
우리는 모두
아버지의 귀로 어머니 말에 대답한다

귀의 가계가 생기고 나서

불안의 말들이 떠돌아다닌다
어머니는 곧 조용한 말들보다
깔때기 달린 큰 말들을 좋아하실 것이다

돈 벌러 가 있는 동안

눈이 녹으면서 낙숫물이 떨어졌다
햇살은 문간방을 제일 많이 비춰주어
한낮이면 참 따뜻했다
순간의 물방울이 창살 같았다
엄마가 돈 벌러 가 있는 동안

할머니는 아랫목에서 화투 점을 치고
나는 물방울을 열고 나가 놀고 싶었으나
이런 날 나가 놀면 엄마 없는 슬픔이
온통 바짓단에 묻는다

엄마가 집에 오면 모진 말을 해주겠다
맴도는 말들이 달라붙어 떨어지지 않았다

일흔이 넘어 돈 벌러 갈 곳 없는 엄마
이제는 내 집에 들어 있다
사는 일이 뗏장처럼 무거워 너를 안아준 적 없구나

출렁 물이 고이는 우리는
이별의 기억들로 날마다 버려진다
촘촘한 창살의 간격으로
엄마는 어둑해질 때까지 열리지 않을 것이다

내가 돈 벌러 나와 있는 동안
엄마는 또 어떤 기억을 가두고 있을까

몇 달을 버려졌다고 생각하는 것보다
날마다 버려지는 게 더 슬플 때가 있다

실금

실금이 어머니를 꽁꽁 동여매고 있다
대물림된 모진 말을 담고 또 담아도
한 세대쯤 거뜬히 살아냈지만
지금은 농담 한마디에도 찔끔 눈물이 샌다
새어나갈 것 다 새어나가고
연령보다 더 늙은
실금들이 정수리까지 묶고 있지만
가만히 놔두어도
저절로 깨지기도 한다
실금에서 나온 우리도
공명주머니 하나씩 갖고 있어
와장창 무너지는 환청을 듣기도 한다

여

기러기들 날아간다
제 음 빠르기를 그리며 간다
저것은 목숨으로 가는 음표
탈선하지 않으려는 음보

아슬아슬 줄타기하던
한 생이
한 줄로 요약된다

매 순간 연착을 반복하며
기항지를 가설하는 노래

되돌림 노래가 처음이라는 듯
지워졌던 행렬이 되살아난다

몰두沒頭

난간에 서 있는 여름이라고 중얼거리다
능소화 한 송이 목이 부러진다
난간에 기대어 핀 꽃들
떨어진 목이 바라보는 곳엔
눈먼 그늘이 짙다

나팔들이 담장 밑에서 뒹굴고 있다
몸통 없는 입들
먼 거리만 가늠하다 소리는 어느 곳에 두고 왔나
무성無聲의 한때
몰두하는 분粉의 독성이다
눈도 아닌 입으로
눈을 멀게 하는 소임을 받았을까

얼굴을 지우겠다는 뜻이겠지
닦을 눈물을 흘리지 않겠다는 뜻이겠지

눈을 지우고
한사코 난간을 지우고
결별은 목의 몫이므로 허공을 지우고
그늘이 어둠 속으로 잠긴다
더 이상 절실이 없는 여름

사족을 다 버린 몸
걸어서는 저 담장 밑을 떠나지 않겠다는 마음
더 이상 무엇에도 몰두하지 않고
몸속에 들어 시드는 여름을
오래 바라보겠다는 뜻

할머니 칼국수

할머니가 나이테를 썰고 있다
삶아야 곧게 펴지는 둥그런 칼국수
갓난아기 잠처럼 다소곳하다

자신의 나이테를 비워
나이테를 받아 안는 나무도마
허리춤 움푹 파인 할머니 같다

저승에서 빌려온 나이테 하나
허리끈으로 질끈 동여매고
써는 일과 묶는 일이
둥근 끈을 곧게 당기는 일인 것처럼
곧은 끈을 둥글게 묶는 일인 것처럼

칼로써 당기고 묶는 일은
사후를 바치는 일이어서
할머니 굽은 등이 곤히 잠들 수 있음을

나무 도마가 밤새 서 있을 수 있음을

괴목槐木

나무의 몸속에는
첫 나이테와 그보다 큰 나이테와
599번째 나이테보다 더 큰 600번째 나이테와
사람이 매길 수 없는 나이테가
겹겹이 음반을 이루고 있다
나이테를 만들기 위해
후렴 밖에 상처를 만들고
해묵은 항아리의 상처를 동여매는 힘으로
다시 더 큰 나이테를 만들었다
첫 나이테부터 썩혀 품을 만드는 것
사람만 몰랐으므로
스스로 나이를 지우는 뜻
사람만 몰랐으므로
20년째 600살이란 푯말까지 목피처럼 녹슬어
인시에 다녀가신다는 호랑이가
청상을 임신시켰다는 풍요 한가락
떠돌고 떠돌겠다

월식 이후를 궁금해하는 사람들
첫 수명 자리에 찾아와
전축 바늘처럼 그늘을 돌려대고 있겠다

암소 가죽 가방

암소가 걸어간다
멍에도 코뚜레도 풀고
앞발자국 위에 찍은 뒷발자국이 흔들린다
한쪽이 닳아버린 낙관처럼 온몸이 뒤뚱거린다
갈라진 발굽처럼 비뚤어진 음순이
새끼 울음 쪽으로 기울었다
반질반질 닳아 있는 젖꼭지가
지워지고 있다
암소가 걸음을 멈춘다
젖꼭지를 온몸으로 품어 땅바닥에 붙인다
마지막 낙관을 누른다
눈물 한 방울 먹물처럼 번진다
뭉그러진 모음은
잊히지 않는 사연을 담은 것이어서
암소 가죽 가방은 무겁다

제4부

심부름

무엇인가 오래 쥐고 있다 놓은 것처럼
손바닥이 축축하다
그것이 심부름은 아니었을까
돌부리 앞에서 꽃밭 앞에서
한참을 놀다 잊어버린 건 아닐까
잊어버린 채 여기서
자식을 낳고 술을 마시고 살고 있는 건 아닐까
가물가물한 날
나는 어느 전생이 흘린 하루만 같아,
불현듯 생각난 듯
쥐고 있던 심부름을 펼치면
알 수 없는 생의 부호들
어떤 아침을 잘못 디뎌 손바닥에서 피가 날 때
도무지 기억나지 않는 심부름 중인 것 같은데
너무 많은 이정표를 지나쳐온 것은 아닐까
돌아갈 수 없는 그곳
누군가 나를 심부름 보냈다면

간곡한 당부도 적혀 있지 않았을까
울어야 할 일들도 지나서
한숨 쉴 일 많은 날들도 잘 지나서
어느 날 저녁의 다함처럼 그날이 올 때면
그때는 지체 없이 빈손으로 돌아오라고

처소

명문가는 유언으로 주련柱聯을 삼는다는데
유랑하던 아버지 집 밖에 안방을 두셨다
혹시, 두고 간 말씀 있을까 행적을 탁발하다
소문으로 떠도는 아버지를 만났다
내연녀의 사진첩에서 미소 짓고 있는
아버지 입이 문틀처럼 낡아 있었다
아버지 사진을 모셔다 문설주 위에 걸어두었다
안방을 드나드는 식솔들은
초서체를 닮아갔다
북풍에서 인기척이 들리는 날이면
누옥은 밤새도록 천자문을 외듯 투덜거렸고
내 입은 아버지 발자국 쪽으로 비틀어져
내가 흘린 눈물은 초서체 주련처럼
눈물 자국 쎄 내려간 얼굴에서
내가 기거하기 시작했다

모계는 구석을 배달한다

고장 난 버스가 양은 도시락처럼 흔들리고 있다
다섯 좌석 나란히 모아놓은 맨 뒷자리를 보면
도시락 속에 눌러 끼운 반찬 칸이 보인다
뒷자리에 앉은 사람들은 모두 한 방향으로 흔들려서
처음 보아도 진즉 닮은 얼굴들
김칫국물 같은 봄볕을 버들가지로 헤치면
베옷처럼 늙은 실루엣 한 분 앉아 계신다
어머니는
김칫국물 같은 체온을 넣어두는 구석을 갖고
내 주위를 배회한다
나는 완행버스처럼 시간 밖으로 여전히 흔들리고
목적지 밖으로 흔들리면서 가끔 보이는 풍경을 기억하면
중심이 구석에 도착하는 중인지
내 몸 한구석이 털썩거린다

가본假本

내일이 중랑천 둑 너머로 날아다니고 있었다
봉제공장 재봉바늘은 눈이 밝아
내 청춘의 한 달을 잘도 박아댔다
공장장 고함 소리에서
갈피 잃은 실밥을 찾아내곤 하는
저물녘이면
늘 기우다 망가뜨린 가본이 쌓여 있었다
나의 가본은 어쩌다
남의 내일에 치장을 박는 걸까
저물녘과 밤이 배접하는 시간
기러기 행렬이 침선처럼 날아가고
나는 너를 본떠둔 청춘에
내일을 박음질하는 야근을 마다하지 않았다

모스부호

저탄 더미들 사이
철길은 오른쪽으로만 휘어져 있었다
밤새 보일러 물이 끓어올랐으나
막차의 식은 증기 소리가 돌아나가고 있을 뿐
나는 소도시처럼 움츠러들었다
왼쪽이 없어서 왼쪽으로 기울던 날들이었다
나는 자주 끓어올랐으나
어둠에 갇히길 좋아했다
눈을 감아
발톱처럼 자라나는 시간을 꾹꾹 눌러보았다
철길 너머 생각들이 밀려나와 지루했다
나는 한 번도 돌아보지 않았다

카운터펀치

한밤중
편의점에 앉아
유통기한 지난 주먹밥을 먹는다

위장이
받아낸 주먹을
편 가른다

레드 코너에 붙어 있던 체증이
블루 코너를 두드린다

토해낼 수 없는 주먹이 있다
준비해 두었던 카운터펀치를 삼킨다

주먹 하나를 믿다가
죽은 권투 선수
카운터펀치를 뱉어내지 못하고 갔다

〉
뒷골목과 대로 사이
24시 편의점 유리창에서
가로등과 네온사인이
깜빡이고 있다

국밥

옛날이란 말에는 살코기 냄새가 있다
신문지에 돼지고기 둘둘 말아오던

돼지국밥을 먹으면
끓여도 끓여도 읽을 수 없는 신문활자가
내 몸속에서 자랐다

아버지 염을 하는 자리에서 보았다
내 쪽으로 국밥을 밀어주던 자세

읽기도 전에 이해된 활자는
기억에 돋을새김 되어 있다

더듬더듬 기억을 펼쳐 경전을 읽는 밤은
꼭 눈감게 되는 매운맛 같아서
손을 마지막으로 놓아줄 때처럼
입속 가득 씹히는 체온 같아서

풍문객잔

풍문이 늙는 입에서 풍문이 핀다
잇몸처럼 둘러앉은 노인들이
죽었던 풍문을 환생시키고 있다
서산댁이 돌아간 자리가 양지로 바뀌었다
수다 속에서 등재되지 않은 꽃말이 멸종하는 건
팔봉댁의 열변 때문
돌아간 영감님 금반지로 해 박았다는 앞니
새 비석처럼 빛나고 있다
비문에 새기지 않은 소문은 듣지 않아도 들린다
박장대소가 추임새로 꺼드는 소문은
풍문에 새기는 게 제일이다

유정란

폐계를 뒤적거리다
바둑알처럼 놓여 있는 알집을 본다
선명한 대마의 돌들

장생으로 향하는 길을 삶는다

철망처럼 교차하는 화점마다
말발굽처럼 박혀 있는 점자들
탈출로를 모색하고 있다

순간 돋는 소름으로 첫사랑을 가두었던가

아직 오지 않은 나날을 뒤적거린다
내가 응답해야 하는 새벽
목청에 도달하지 못한 외길은 삶아도 질기다

풍경風磬

절집 앞에서 풍경 하나를 샀다
갈 곳 없는 소리가 한사코 따라와
문밖에 걸어두었다

바람의 창문 같았다
댕그랑거리며 잠깐 열렸다 닫히는

자주 밑을 확인하는 날엔
물방울 떨어진 흔적만 남아 있다

흔들리는 소리는 멀리 달아나지도 못한다
밤낮없이 깃털만 고르며 웅크리고 있는 새 한 마리
소리의 새장

문밖의 소리는 문을 버리면 된다지만
문 안의 소리는 문을 열어도 웅크리고만 있다

조등

뒷모습을 바라보다 감은 눈은 조등이다

눈 감은 채 고개를 숙이면
빛은 내 몸속으로 스며들어
눈꼬리에 또 하나의 조등을 내걸었다

낯선 사람 걸어나간
별사別辭를 따라가면 얼굴을 만질 수 있을까

눈 뜨지 않은 나를 밝힌 눈물 조등
비로소 젖은 내가 보인다

해설

오랜 기억의 적층(積層)을 투과해온 섬광의 순간들

유성호(문학평론가·한양대 국문과 교수)

1.

서정시는 시간적 경과나 인과적 계기들을 중시하는 대신, 세계에 대한 주관적 경험과 기억을 순간적으로 표현하는 데 공을 들인다. 물론 이때의 '순간'이란, 극히 짧은 일회적 시간이 아니라 이른바 '충만한 현재형'으로서의 순간을 함의한다. 말하자면 서정시가 구현하는 '순간'이란, 과거-현재-미래를 하나로 묶어내는 '충만한 현재형'으로서의 강렬하고 집중된 통합적 시간 형식을 뜻하는 것이다. 그래서 시적 순간은 그야말로 오랜 경험과 기억이 반복되고 축적된 형식이 아닐 수 없다. 시인들은 바로 이러한 순간의 형식을 통해 서정시를 써가고 있으며,

또한 이러한 순간을 통해 나날의 경험과 기억을 축적해가고 있다. 그래서 서정시에서의 경험과 기억이란, 동일성의 원리에 의해 발원하는 '서정'의 핵심 형질이 된다.

우리가 읽게 되는 김수화 시인의 첫 시집은, 이러한 시간의 적층(積層)을 투과(透過)해온 상상적 흔적으로 역력하다. 그 안에는 오랜 시간을 쌓아놓은 듯한 경험과 기억의 양감(量感)이 여기저기서 반짝이고 있고, 그때 찾아오는 섬광의 순간들이 충일하게 녹아 있다. 김수화의 시 세계는 그러한 오랜 시간과 빛의 순간이 결합되어 있는 두꺼운 지층으로 비유될 수 있다. 그녀는 그 기저(基底)에 원초적인 언어와 소리를 집적해가면서, 가장 근원적인 시간의 지층을 또 쌓아가고 있다. 그 시간을 탐사하고 표현해가는 시인의 품과 격이 참으로 넓고 깊고 견고하다.

2.

먼저 우리가 김수화 시집에서 발견하는 중요한 음역(音域)은, '시적인 것'의 오래됨에 관한 그녀만의 고고학적 감각이다. 두루 알려져 있듯이, 서정시는 언어 자체에 대한 탐색을 현저하게 수행하는 예술이다. 그 점에서 서정시를 일러 가장 메타적인 '언어 예술'이라고 규정할 수 있을 것이다. 다시 말하면 서정시는 '언어'를 일차적 도구로 삼고는 있지만, 언어 자체를 탐구하고 사유하는 재귀적(再歸的) 속성을 남달리 구비하고 있기도 하다. 여기서 '시인'이란, 언어 자체에 대한 탐구와 사유에 남다른 공을 들이는 존재로 규율된다. 특별히 김수화 시인의 시편은 이러한 '언어'의 궁극적 속성을 경험적으로 귀납하면서, 우리 주위에서 간단없이 소멸해가는 존재자들을 증언하고 그들을 정성스레 붙잡으려는 안간힘을 줄곧 보여준다. 그만큼 그녀에게 서정시란 그러한 언어와 존재를 동시에 사유하고 결속시키는 언어예술이 된다.

    정령이
    무수한 구멍과 여러 겹의 동심원을 그릴 때는
    절벽이 우리였던 시절
    절벽은 사기史記가 되기도 했다

    갑골 같은 절벽을 펼쳐놓았을 때
    고래들이 바다에 추락한 별자리를 물고 사라졌다

낮은 강물에 유숙하던 별들은
멸종을 피해 절벽으로 피신했고
야성을 찾은 별들은 다시 문명을 기웃거렸다

북극성을 보며 이동하던 부족들이
별자리를 주문에 구겨 넣고 떠날 때마다
절벽은 점점 풍화되었다

이것은
구멍 깊이로 움집을 파던 어떤 문명이
지금도 찾아 부르는 노래

아직도 문명이 베끼지 못한 점괘
절벽 앞에 서면 멈추는 노래가 있다
―「반구대 암각화」 전문

깊디깊은 형상과 어조를 지닌 이 작품은, 김수화 시학의 발원지를 상징적으로 예표해주고 있다. 가령 시인은 "정령이 / 무수한 구멍과 여러 겹의 동심원을 그릴 때"를 상상한다. 정령이 오래도록 그려낸 '구멍'과 '동심원'은, 일차적으로는 '반구대 암각화'의 문양을 함의하지만, 나아가 오랜 역사를 써 내려간 '사기(史記)'라는 은유로 몸을 바꾸기도 한다. 자연스럽게 그러한 문양이 펼쳐진 "갑골 같은 절벽"에서는 고래들이 별자리를 물고 사라지기도 하고, 신화처럼 별들이 멸종을 피해 절벽으로 피신하기도 하고, 부족들은 별자리를 주문에 부치면서 오랜 세월을 견뎌오기도 하였다. 이때 시인이 상상적으로 구현하는 노래는 "구멍 깊이로 움집을 파던 어떤 문명이 / 지금도 찾아 부르는" 것이자, "절벽 앞에 서면 멈추는" 것이 된다.

'반구대 암각화'는 울산 태화강 절벽에 새겨진 것으로서, 신석기 시대와 청동기 시대의 예술적 감각을 그대로 전해주는 귀한 유산이다. 그 안에는 인류의 아득한 시원(始原)의 형상이 담겨 있는데 시인은 그것을 마치 자신이 불러야 할 '노래'로 표현하면서, 궁극적으로 자신이 써가야 할 '시(詩)'로 등가화하고 있다. 마치 어머니에게서 느끼는 "태고의 흔적"(「모정」)을 발견하고 쓰다듬듯이, 시인은 정성스럽게 "오래된 저 모계의 온기"(「모계」)를 시로 써간다. 지금도 찾아 부르고 멈추기를 반복하면서 말이다. 이처럼 김수화 시편은 그 만만찮은 깊이와 너비를 증언하면서, 아득한 시간의 지층을 가로질러 간다. 다음 시편은 어떠한가.

손에는 이별한 문장이 있다
주먹을 쥐면 표정이 돌아왔다
손가락 사이로 빠져나가는, 나를 지운 행간들
천수관음은 다짐을 사랑하여 나는 이별을 한다
꽉 쥔 주먹을 펴면
손이 생각하던 문장이 보인다
손에 장을 지진다는 말은 얼마나 곡진한 서약인가
거북의 등을 태우면 갑골문이 태어나듯
손을 펴고 잠들면
장편掌篇 소설의 주인공이 사라진다는데
천수관음은 천 번의 주먹을 태우며
문장 하나를 고르고 있다

―「천수千手」전문

'천수(千手)'는 관음보살이 모든 사람을 구제하기 위해 변화하여 나타낸 몸을 말한다. 일찍이 향가 「천수대비가千手大悲歌」는, 자식이 눈을 뜨기를 천수관음에게 기원한 어머니의 노래로 불려졌다. 이는 신성한 힘에 의한 구원을 소망하고 있다는 점에서, 주술적이고 초월적이다. 이러한 '천수관음'을 제재로 한 위의 시편은, "손가락 사이로 빠져나가는, 나를 지운 행간들"이 사랑과 이별을 씨줄과 날줄로 삼은 시인 자신의 시적 생애였음을 고백하는 작품이다. 주먹을 펴면 비로소 보이는 "손이 생각하던 문장"이야말로, 어머니의 손등처럼, 지금의 시인을 가능하게 했고 또 완성해갈 원천적 힘이었을 것이다. 그러니까 시인은 '반구대 암각화'나 '갑골문'처럼, "천 번의 주먹을 태우며 / 문장 하나"를 고르는 천수관음의 몸을 빌려 "침묵에 무엇이 녹음되고 있는"(「나의 완창」) 과정을 노래해갈 수 있었을 것이다. 이때 '반구대 암각화'나 '천수관음의 문장'은, 예술적으로 변형된 '시적인 것'의 표상이 아닐 수 없다.

  이처럼 김수화 시인은 첫 시집을 통해 가장 깊은 시간과 풍경으로부터 자신만의 예술적 기원과 지향을 길어올리고 있다. 그 안에서 자신의 시가 어떠해야 하는가를 메타적으로 상상하고 추구하면서, 그녀는 자신이 써왔고 써가야 할 '시'에 대한 깊은 자의식을 토로하고 있다. 이때 '시'는 김수화 스스로를 드러내는 중요하고도 심층적인 예술이 되고, 시인은 그러한 풍경과 노래를 간직하고 드러내는 장인(匠人)이 된다. 그럴수록 김수화의 시는 '언어 자체'를 통해 시원의 형상에 가 닿는 자의식의 산물로 나타나게 되는 것이다. 이 점, 김수화의 시를 웅

숭깊게 만들어주는 제일의적 원질(原質)이다.

   3.

  다음으로 김수화 시인은 자신의 시편을 감싸고 있는 순간의 기억 가운데, 귀를 세우고 사물들이 반짝이며 내지르는 '소리'를 유난히도 담아두는 경향을 보여준다. 사물들의 작고 소소한 움직임에 귀 기울이고, 그것들을 하나하나 세심하게 어루만지면서 감싸 안아 들이는 시인의 품은 그래서 매우 특징적이다. 이렇게 가녀리고 작은 '소리'를 지극한 마음으로 탐사하고 기억함으로써, 그녀는 그 안에서 잊히거나 무심하게 흘려보냈던 신성한 목소리를 경청한다. 그래서 그녀의 시 안에서 웅얼거리는 '소리'는 신성의 웅장하고도 간절한 목소리로 몸을 바꾸면서, 시인으로 하여금 늘 새로운 파생적 기억으로 나아가게끔 하고 있다. 다음 시편을 읽어보도록 하자.

      절집 앞에서 풍경 하나를 샀다
      갈 곳 없는 소리가 한사코 따라와
      문 밖에 걸어두었다

바람의 창문 같았다
댕그랑거리며 잠깐 열렸다 닫히는

자주 밑을 확인하는 날엔
물방울 떨어진 흔적만 남아 있다

흔들리는 소리는 멀리 달아나지도 못한다
밤낮없이 깃털만 고르며 웅크리고 있는 새 한 마리
소리의 새장

문밖의 소리는 문을 버리면 된다지만
문 안의 소리는 문을 열어도 웅크리고만 있다
―「풍경風磬」 전문

  김수화 시인은 절집 앞에서 '풍경' 하나를 샀는데, 집까지 "갈 곳 없는 소리"가 따라와서 문밖에 그것을 걸어 두었다고 한다. "댕그랑거리며 잠깐 열렸다 닫히는" 그 소리는, 멀리 가지도 못하고 "밤낮없이 깃털만 고르며 웅크리고 있는 새 한 마리"처럼 시인의 주위를 맴돌고 있다. 어느새 시인은 소리로 둘러싸인, "소리의 새장"에 갇

힌 존재가 된다. 그렇게 시인은 문 안에서 웅얼거리는 그 소리를 버리지 못하고, 그 소리가 "문을 열어도 웅크리고만" 있는 것을 불가피한 '풍경'처럼 받아들이고 있다. 그렇게 "세상에는 합산이 되지 않는 사이"(「숙려熟慮」)가 있는 법이고, 오로지 그 사이에서만 아득하게 울려 나오는 소리가 있을 뿐이다. 문 안에서 끝없이 울리는 그 소리는 일견 '침묵의 소리(sound of silence)'이기도 하고, 일견 "무성無聲의 한때"(「몰두沒頭」)를 지나서 궁극의 소리로 탈바꿈한 것이기도 하다. 그리고 다음 작품에서는 그 새장을 열고 나간 '소리'의 기록이 나타난다.

> 새들이 나무에 울음을 묶는 한밤
> 뿌리가 잎맥을 고르는 주문이 떠돌고 있다
> 새로 뻗은 가지는 허공을 놓치고
>
> 새들은 나무의 흔들림을 기억한다
> 흔들림을 잃은
> 나뭇가지들을 모아 만든 둥지 속
> 뿌리 같은 발가락이 알을 굴린다
>
> 알껍데기에서

한 그루 보호색이 돋을 때
잠언을 탁본하는 저녁

저 감춘 소리를 다 헤아리면
옹이에 엉킨 촌분이 풀려날까

발가락에서 제일 먼 부리가 알을 두드리면
알은 가장 먼저 작은 부리를 낳는다

어미의 울음과 새끼의 날개가
나무에 첫 화음을 새겨 넣는다
—「해거름」전문

 '해거름'이라는 소멸의 시간에 울려오는 '소리'는, 새들이 나무에 묶는 '울음'으로 먼저 다가온다. 뿌리의 주문이 떠돌 때, 새들은 너무도 깊은 기억으로 "나무의 흔들림"을 각인한다. 여기서 시인 역시 깊은 존재의 근원에서 "잠언을 탁본하는 저녁"을 읽어낸다. 그렇게 흔들림 속에, 잠언 속에, 저녁의 흐름 속에, 시인은 "감춘 소리"를 헤아리면서 "어미의 울음과 새끼의 날개가 / 나무에 첫 화음을 새겨 넣는" 순간을 기록해간다. 그 '화음

(和音)'은 "목숨으로 가는 음표"(「여」)를 새기면서 시인으로 하여금 일종의 '소리 채집가'가 되게끔 만들어준다. 물론 이때 서정시 안에 아득하게 울려오는 '소리'란, 자연의 리듬에서 상상되고 전이되고 유추된 것일 터이다. 모든 자연 현상 예컨대 낮과 밤, 밀물과 썰물, 계절이나 천체의 움직임 등에서 우리는 고유한 리듬을 찾을 수 있고, 맥박이나 걸음걸이 같은 인간 몸의 움직임에서도 리듬을 발견할 수 있으니까 말이다. 김수화 시에서 적극적으로 간취되고 있는 '소리'는, 그 점에서 가장 깊은 자연의 소리이기도 할 것이다.

어쨌든 우리가 한 편의 서정시에서 느끼게 되는 '소리'는 이같이 자연 일반의 원리이기도 하고, 인간의 내적 욕구를 반영한 상상적 투사(投射)의 결과로 나타난 것이기도 하다. 그리고 이 모든 것은 우주와 몸의 다양성과 복합성으로 나타나는 필연적 현상일 것이다. 결국 서정시에서 '소리'란 우주 현상과 자연 리듬을 언어의 명암이나 강약으로 혹은 물질성으로 환원한 것이라 할 수 있으니, 그것으로 이어지는 김수화 시편들은 언어 자체에 대한 자의식으로 충일한 것이 아닐 수 없다. 또한, 이는 시원의 형상이 더욱 근원적인 물질성으로 확장해간 사례이자, 앞으로 펼쳐질 김수화 시학의 미래적 가능성이기도 할 것이다.

4.

　김수화 시인은, 첫 시집이 으레 취하기 마련인 '성장서사'의 흐름을 행간 깊숙이 잠복시킨 채, 참으로 다양한 형상으로 자신만의 경험적인 구심적 깊이를 완성하고 있다. 표층적 질서로는 읽어낼 수 없는 심층의 감각과 사유가 다양하게 실험되면서, 그녀의 시는 그 외연과 내포를 한없이 넓히고 심화해가고 있다. 나아가 시인은 세상에 편재(遍在)한, 그리고 자신이 오랜 시간 상상해온 역리(逆理)들을 공들여 상상하고 표현함으로써, 세상의 모든 소음으로부터 벗어난 순간적 고요를 통해 근원적인 마음의 생태학을 구축해간다. 이 또한 오랜 기억의 적층을 투과해온 섬광들이 온몸으로 자신의 존재를 증명하는 순간일 것이다. 낮고 깊은 '침묵의 소리'를 강하게 긍정하면서 그야말로 역동적 고요를 자신만의 시적 자산으로 안아 들이는 김수화 시학의 면모가 한없는 빛을 뿌린다. 그리고 그 '빛'은 대상을 향한 가없는 관찰과 표현의 동력이 되어준다.

가인리 앞바다에는
공룡들이 남긴 문자가 있다

달랑게 한 마리
멸종으로 걸어간 문자를
온몸으로 읽어낸다

서로 긴 목을 꺾어 비비다가
서너 걸음 옆으로 넘어졌을
육중한 사랑

어떤 것은 온몸 자국이 문자여서
낡은 석양은 돋보기가 되는가

달랑게 한 쌍이 돌아가고 있다

나는 어느 행렬에도 끼지 못해
그림자를 세워두고 온다

공룡 모가지처럼 꺾인 그림자가

내 몸을 휘감고 따라온다

　　　　　　　　　　　─「끈질기다, 사랑」 전문

　시인은, 마치 '반구대 암각화'처럼, 오랜 시간을 간직한 채 "공룡들이 남긴 문자"가 남겨진 곳으로 간다. 거기서는 '달랑게 한 마리'가 유유히 돌아다니면서 멸종으로 귀결되었을 공룡들의 '문자'를 읽고 있다. 이때 시인은 참으로 끈질기게 오랜 세월을 관통해왔을 '사랑'의 문자를 바라본다. "서로 긴 목을 꺾어 비비다가 / 서너 걸음 옆으로 넘어졌을 / 육중한 사랑"이야말로 시인이 발견한 '문자'의 참모습이요 역동적인 그림자였을 것이다. 그래서 "어떤 것은 온몸 자국이 문자"로 남았고, 또 시인으로서는 "낡은 석양"을 돋보기 삼아 그 문자를 세심하게 바라볼 수 있었을 것이다. 시인의 몸을 감고 따라오는 "공룡 모가지처럼 꺾인 그림자"야말로 "사랑이 기착하는"(「서산」) 시원의 흔적이요, "어느 전생이 흘린 하루"(「심부름」)를 담아내고 있는 흐릿한 화폭일지도 모른다. 일관되게 '노래 / 문장(문자) / 소리'를 통해 사물을 바라보고 그 안에 깊이 숨겨져 있을 사랑의 역동성을 찾아내는 시인의 시선과 의지가 투명하고 깊다.

오래된 노트에서는 필체가 늙고 있다
글씨가 번졌던 페이지에서는
비를 만났던 기억이 있다

빗줄기는 어찌 이 오지까지 찾아와 누웠는가
글자들이 받침을 주고받는 동안
입술을 가진 이야기들이 멀리까지 다녀온다

빗줄기를 다락방에 넣어 두고 우기를 떠돌던 적이 있다 여러 계절이 국경을 넘나드는 동안 습자지 같은 꿈이 희미하게 껌벅이고

빗줄기가 젖지 않는 저녁을 몰고 간다
몇 그루 나무들이 오래된 청색으로 흔들리다
다시 빗속으로 들어선다

물먹은 노트에는
느슨한 발걸음을 가진 빗줄기가 살고 있다

흔적을 옮겨 적으면
젖지 않은 저녁이 달 하나를 놓아줄 것 같다

이 밝기라면

늙어가는 필체도 읽을 수 있을 것 같다

―「늙다」 전문

  존재자의 '늙어감'은, 소멸 직전의 보편적 현상이지만, 어쩌면 그것은 좀 더 선명하고 깊은 흔적을 남기는 중요로운 시간이기도 할 것이다. 시인은 오래된 노트에서 늙어가고 있는 '필체'를 발견하고는, 그렇게 글씨가 번져갔던 맥락에서 '비'에 관한 기억을 톺아 올린다. 빗줄기가 어떤 과정으로 여기까지 찾아왔는지는 모르지만, 시인은 빗줄기를 다락방에 넣어 두고 우기를 떠돌았거나 "빗줄기가 젖지 않는 저녁"을 몰고 가는 시간 속에서 "물먹은 노트"에 빗줄기를 남겼던 과정을 흐릿하게 상상해본다. 그 흔적을 옮겨 적으면서 차차 "늙어가는 필체"를 읽고 있는 것이다. 하늘에 떠오른 달을 "눈 뜨지 않은 나를 밝힌 눈물 조등"(「조등」)으로 삼으면서 말이다. 이처럼 빗속에서 "뭉그러진 모음은 / 잊히지 않는 사연을 담은 것"(「암소 가죽 가방」)이고, 그것은 시인의 '시 쓰기'와 '늙어감' 모두를 "이것만한 천직도 없겠다는 생각"(「가만히 있다」)으로 이어지게 하고 있지 않은가.

  주지하듯, 우리의 삶은 순간적 일탈에 의해 무너지기

에는 퍽 지속적이고도 견고한 리듬을 가지고 있다. 그 기저(基底)에는 보편적인 슬픔의 기운이 매우 선연한 흔적으로 자리 잡고 있을 것이다. 김수화 시인은 이러한 존재론적 슬픔을 극명하게 견지하면서 세계와의 화해와 불화 사이에서 수많은 삶의 표정들을 드러내준다. 이러한 슬픔은 서정의 원초적 몫을 유감없이 보여주는데, 시인으로서는 "오래도록 / 슬픔을 기르겠다는"(「난蘭이 마르는 동안」) 의지의 표명이자, 비극적 격정이나 감정 과잉의 감상을 동반하지 않겠다는 은은한 선언을 하고 있는 셈이다. 오히려 그것은 차분하고 관조적인 성찰적 성격이나 타자들을 향한 연민의 성격을 띠고 있어, 우리는 그 슬픔을 인간 존재를 향한 시인의 가없는 사랑의 반영으로 읽게 되는 것이다.

> 할머니가 나이테를 썰고 있다
> 삶아야 곧게 펴지는 둥그런 칼국수
> 갓난아기 잠처럼 다소곳하다
>
> 자신의 나이테를 비워
> 나이테를 받아 안는 나무도마
> 허리춤 움푹 파인 할머니 같다

저승에서 빌려온 나이테 하나
허리끈으로 질끈 동여매고
써는 일과 묶는 일이
둥근 끈을 곧게 당기는 일인 것처럼
곧은 끈을 둥글게 묶는 일인 것처럼

칼로써 당기고 묶는 일은
사후를 바치는 일이어서
할머니 굽은 등이 곤히 잠들 수 있음을
나무 도마가 밤새 서 있을 수 있음을
　　　　　　　　　　　－「할머니 칼국수」 전문

　시인은 언젠가 "변두리는 / 몸 안에 틈을 키우기 좋은 절벽"(「채송화 그늘」)이라고 은유하기도 하였고, "바깥으로 둘러앉은 꽃잎이 중심을"(「둥지론」) 만들어가는 과정을 찬탄하기도 하였다. 우리는 그 '변두리 / 바깥'의 시간 형식이 아마도 '늙음'일 터이고, '할머니'라는 시간의 나이테는 그러한 시간의 속절없음과 의연함을 아울러 담고 있는 것이 아닌가 하고 생각하게 된다. 시인은 갓난아기의 잠처럼 다소곳하게 "삶아야 곧게 펴지는 둥그런 칼국수"의 나이테를 썰고 계신 할머니와, "자신의 나이테를 비워 / 나이테를 받아 안는 나무 도마"를 함께 바라본다. "허리춤 움푹 파인" 모양이 닮은 '도마 / 할머니'의 오랜 시간을 투과하면서, "써는 일과 묶는 일"이 둥근 끈을 곧게 당기고 곧은 끈을 둥글게 묶는 일의 반복인 것처럼, 그네들이 "칼로써 당기고 묶는 일"을 묵묵하게 해온 시간을 긍정하고 있는 것이다. "해묵은 항아리의 상처를 동여매는 힘으로"(「괴목槐木」) 늙으신 "할머니 굽은 등"의 오랜 시간 속에서, 시인은 "읽기도 전에 이해된 활자"(「국밥」)처럼 "한 사람을 궁리"(「등지면 희미하게 뚜렷한」)해내는 작업을 수행한 것이다.

 이렇게 오랜 시간을 통과하면서 김수화 시인은 '문자(그림자) / 노트(필체) / 할머니(도마)'의 형상을 연쇄적으로 불러낸다. 이 모두가 오랜 기억의 적층을 투과해온 섬광의 순간들일 것이다. 우리는 이것들이 한편으로는 근대의 이면을 비추어볼 수 있는 역상(逆像) 기능을 충실하게 수행하고 있고, 한편으로는 구체적 시공간에서 빚어지는 사람살이의 양상을 넘어 가장 근원적이고 깊은 시원의 시성(詩性)을 어둑하게 가져다준다고 생각하게 된다. 그만큼 김수화의 시편에서 언어는 관념으로 직핍하지 않고, 그 안에 사물의 구체성과 결합된 삶의 형식을 안으면서, 궁극적으로는 우리로 하여금 깊은 존재론적 근원과 만나게끔 해주고 있다. 그래서 우리는 시간의 흐름을 형상적으로 암시해주는 이러한 언어가 인위적으로 재구성되는 것이 아님을 경험하면서, 동시에 그녀의 시야말로 실재와 대립하는 비실재들을 호명하여 실재와 환영(illusion)을 겹치게 하면서도 갈라주는 균형감각을 가진 양식임을 알게 되는 것이다.

5.

연전에 김수화의 시 몇 편을 비평적으로 검토한 바 있다. (「존재론적 기원을 탐색하는 '외길의 시쓰기'」, 『작가마루』 24호, 2016.) 거기서 「슴베」나 「옆으로」 혹은 「간월암」, 「모정을 배달하다」, 「아버지가 족문을 옮기는 방식」 같은 작품들을 논의하였다. 이번 해설에서는 의도적으로 이 시편들을 배제한 채 별도의 논의 구축에 나선 셈이다. 하지만 이 작품들은 김수화 시편의 미학적 정점에 서 있는 시편들이고, 따라서 이번 글에서 언급된 작품들과 함께 읽어야만 하는 가편(佳篇)들이다. 김수화 시의 균질성과 넓은 편폭(篇幅)을 알려주는 사례일 것이다.

두루 알다시피, 서정적 발화는 개별 발화로서 근본적으로 독백적인 성격의 것이다. 그래서 시인들은 가장 일차적으로는 서정적 발화를 통해 자신이 살아온 시간들을 회감(回感)하고, 나아가 그 시간에 절대에 가까운 의미를 부여한다. 그 시간이 남긴 흔적과 문양이야말로 시인의 직접적인 삶의 형식이고 서정시가 보여줄 수 있는 가장 중요한 내질(內質)이 되는 것이다. 그 점에서 모든 서정시는 시인 자신의 기억에 기초한 '시간 예술'이다. 김수화 시인은 자신이 살아온 오랜 시간에 대한 성찰을 통해 보편적 삶의 이법을 노래하는 서정시인이다. 물론 그녀의 방법론은 실험 정신이나 전위적 자세와는 거리가 멀다. 오히려 그녀는 생성과 소멸의 반복 원리라는 충분히 낯익은 자연 질서를 따라 시를 써간다.

결국 우리는 김수화의 첫 시집을 통해 서정시가 인간의 이성적 미감과 그것으로는 충족되기 어려운 순간의 섬광(閃光)을 동시에 표현하는 것임을 알게 되었다. 그리고 그녀의 시는 그 결정적 순간의 발화이자 기억의 현상학을 섬세하게 구성한 자기 고백의 속성을 띠고 있기도 하다. 그 순간성의 신비에 적극 동참하면서, 우리도 특권을 부여받은 순간의 착란을 경험하게 된다. 그리고 오랜 기억을 선연하게 현전하면서 동시에 구체적 감각으로 이러한 과정을 인화해낸 과정은, 그녀가 거둔 확연한 미학적 성취일 것이다. 비록 아스라한 기억에 의해 촉발되지만, 그것이 깊은 성찰에 의해 새삼스러운 형상과 논리를 얻어가는 과정, 곧 기억과 성찰의 결속으로서의 과정을 우리가 눈여겨보는 까닭도 바로 여기에 있다. 오랜 기억의 적층을 투과해온 섬광의 순간들을 선명하게 바라보면서 말이다.

포지션 詞林 004
아흔아홉의 하나

펴낸날 | 2017년 11월 10일

지은이 | 김수화
펴낸이 | 차재일
책임편집 | 이용헌
펴낸곳 | 포지션
등록번호 | 제2016-000118호
등록일자 | 2016년 4월 12일
주소 | 서울시 마포구 대흥로8길 26. 201호
전화 | 010-8945-2222
전자우편 | position2013@gmail.com

ⓒ 김수화, 2017

ISBN 979-11-961370-2-1 03810

값 10,000원

* 이 책의 전부 또는 일부 내용을 재사용하려면 반드시 지은이와 포지션의 서면 동의를 받아야 합니다.